Californian Muse
Muse californienne
2008 - 2014

Californian Muse
Muse californienne
2008 - 2014

poems in English & French by
Grégory Huck

LEAKY BOOT PRESS

Californian Muse
by Grégory Huck

First published in 2017 by
Leaky Boot Press
http://www.leakyboot.com

Copyright © 2017 Grégory Huck
All rights reserved

No part of this book may be reproduced or transmitted in any form or by any means, electronic, mechanical, photocopying, recording, or otherwise, without prior written permission of the author.

ISBN: 978-1-909849-43-3

Contents

A burst of madness by *Farah Chamma*   9

On the bridge
Sur le pont

A girl on the bridge   13
Une fille sur un pont   14

The mirror of dawn   15
Le miroir de l'aube   16

your hair   17
Pour jouer avec tes cheveux   18

A bridge over the ocean   19
Un pont sur l'océan   20

The tears of Aphrodite   21
Les larmes d'Aphrodite   22

Desire for eternity   23
Désir d'éternité   24

Red Wings   25
Ailes rouges   26

She crossed the bridge   27
Elle a traversé le pont   28

The Green Mountain Heaven
Le paradis de la Montagne Verte

Rebirth   31
Renaissance   32

The celebration   33
La célébration   34

Be One	35
Être Un	36
Clandestine lovers	37
Amants clandestins	38
The Venusian garden	39
Le jardin vénusien	40
Strasbourg	41
Strasbourg	42
Our place	43
Chez-nous	44
Capitulation	45
Capitulation	46

Words of darkness
Paroles des ténèbres

An unfinished landscape	49
Un paysage inachevé	50
More than Love	51
Plus que de l'amour	52
The bottom	53
Le fond	54
Last minutes	55
Dernières minutes	56
The empty flat	57
L'appartement vide	58
Empty skin	59
La peau vide	60
The rumor of your fall	61
La rumeur de ta chute	62
Broken puppets	63
Marionnettes cassées	64

Silent forgiveness
Silencieux pardon

The laughing sun	67
Le soleil hilare	68

Nothingness	69
Le néant	70
Underground Source	71
Source souterraine	72
Silent forgiveness	73
Silencieux pardon	74
Deathbed	75
Lit de mort	76
Californian muse	77
Muse californienne	78
American mirage	79
Mirage américain	80
Be safe	81
Sois prudente	82
And our summer will never end	83
Et notre été ne finira jamais	84

A burst of madness

Greg wouldn't have written these poems in English if it weren't for this Californian muse. It is clear in the language of his texts. This isn't but a burst of madness. An attempt to grasp something very powerful that is happening to him, through a language that has grasped him before he himself has. This work shows how sometimes language and poetry are circumstantial. How they can be spontaneous results of a strong emotional drive before being the results of a conscious decision. Greg always repeats how he doesn't understand how this poetry collection was born. "It's a miracle!" He once said to me.

The muse in this work could be easily identified as a woman. In other words, it could be easily seen as "another love story". But the thing about muses is that their beauty lies in their power to inspire artists and thinkers. It becomes less about the love story and more about the creative outburst. That's why in Classical Mythology, muses are defined as the sister goddesses that preside over various arts. Just as Greg's Californian muse could be defined as the goddess that presides over the birth of this collection.

That's why to me, this book is more about being able to give in to these people, places, things that we could call muses, than it is about publishing a poetry collection in a foreign language. And Greg gave in.

Maybe this is what Bukowski meant by "find what you love and let it kill you".

Farah Chamma,
Dubaï, 9th September, 2015

On the bridge
Sur le pont

A girl on the bridge

I walked a long way,
I would like to take back
the path of my birth
up this troubled river
of my childhood tears.
I am a girl on the bridge...

I do not want that crown of thorns anymore,
I would like to be loved thornless.
My heart needs something else to beat.

If I cross the bridge what will happen?

Would you love me as I am?

You know... I'm just a girl on the bridge.

Une fille sur un pont

J'ai marché un long chemin,
j'aimerais reprendre
le parcours de ma naissance
au-dessus de ce fleuve troublé
des larmes de mon enfance.
Je suis une fille sur un pont…
Je ne veux plus de cette couronne d'épines,
j'aimerais être aimé sans douleur.
Mon cœur a besoin d'autre chose pour battre.
Si je traverse ce pont que se passera-t-il?
M'aimeras-tu comme je suis ?
Tu sais… je ne suis qu'une fille sur un pont.

The mirror of dawn

The dawn is still dying
especially when it appears
after a sleepless night.
We had a long and true talk
that keeps me alive...
are you ready to fall in love?
I am the mirror of dawn,
you're my dawn.
We build our story
with the debris of our souls,
we can now face the sun.
And together
turn on
the sky.

Le miroir de l'aube

L'aube est encore mourante
surtout lorsqu'elle apparait
après une nuit blanche.
Nous avons eu une longue et vraie conversation
qui va me maintenir en vie...
es-tu prêt à tomber amoureux ?
Je suis le miroir de l'aube,
tu es mon aube.
Nous construisons notre histoire
avec les débris de nos âmes,
nous pouvons maintenant faire face au soleil.
Et ensemble
enflammer
le ciel.

your hair

Where are you? What are you doing?
I wander in an old French town.
Can you hear me with you heart?
I'm in a bar full of gods and ghosts,
I don't want live in this world anymore!
Can you hear me with your heart?
I want to go to our own love land.
I want new dawn and new wine...

When the cup of day will be full,
I'll lie down under an old oak
to listen to the wind singing...
Where are you? What are you doing?
I would like to turn into wind
to play with your hair.

Pour jouer avec tes cheveux

Où es-tu ? Que fais-tu ?
Je me promène dans une vieille ville française.
Peux-tu m'entendre avec le cœur ?
Je suis dans un bar plein de dieux et de fantômes,
je ne veux plus vivre dans ce monde !
Peux-tu m'entendre avec le cœur ?
Je veux me rendre dans notre propre terre d'amour.
Je veux une aube nouvelle et du vin nouveau...

Lorsque la coupe du jour sera pleine,
je m'allongerai sous un vieux chêne
pour écouter le chant du vent...
Où es-tu ? Que fais-tu ?
Je voudrais me changer en vent
pour jouer avec tes cheveux.

A bridge over the ocean

We must get used to emptiness
placid calm of your mangrove,
frightening calm of my black forest.
Sometimes there is nothing to live
between dawn and dusk.

Two, three notes in the piano room,
washing in the bathroom...

The apartment is empty,
everyone is at the beach,
but they don't see the sea,
blind ecstasy.
Madness touches your shoulder.
I will build a bridge across the ocean.
How long it seems...
a century to build a bridge.
I will not wait a century before crossing it
we must get used to emptiness...
Stone after stone.

Un pont sur l'océan

Nous devons nous habituer au vide
calme placide de ta mangrove,
calme effrayant de ma forêt noire.
Parfois, il n'y a rien à vivre
entre l'aube et le crépuscule.

Deux, trois notes dans la salle de piano,
ablution dans la salle d'eau...

L'appartement est vide,
tout le monde est à la plage,
mais ils ne voient pas la mer,
extase aveugle.
La folie touche ton épaule.
Je vais construire un pont sur l'océan.
Qu'il faut du temps...
un siècle pour construire un pont.
Je n'attendrais pas un siècle avant de le traverser
nous devons nous habituer au vide...
pierre après pierre.

The tears of Aphrodite

I wander into the apartment
awaiting a valuable message,
our tireless Pegasus
travels on electronic waves.

Cry a little bit Baby, cry...
the joy that comes out
of eyes is the best one.

Aphrodite in February
will transform your tears into pearls,
that I will pick from your cheeks.
This offering will be beautiful,
your head on my lap.

Cry a little bit Baby, cry...
The tears of Aphrodite are
the rarest jewels.

Les larmes d'Aphrodite

Je me promène dans l'appartement
en attente d'un précieux message,
notre infatigable Pegasus
voyage sur les ondes électroniques.

Pleure un peu amour, pleure...
la joie qui sort
des yeux est la meilleure.

Aphrodite en Février
va transformer tes larmes en perles,
que je vais cueillir à tes joues.
Cette offrande sera belle,
ta tête sur mes genoux.

Pleure un peu amour, pleure...
les larmes d'Aphrodite sont
les plus rares bijoux.

Desire for eternity

Love wants to try eternity
it climbs in its bed of stars
and wants to be the sail tied to its dream.

Love wishes to outlive death
as these children playing outside,
the children want to survive the night.

We are not yearning for
an eternity of love...
It is eternity who yearns for us.

In this fragile game
we are all made of glass...

Eternity can hold on
to one hand of love…
do not close this hand.

Désir d'éternité

L'amour veut tenter l'éternité
il grimpe dans son lit d'étoiles
et veut être la voile attachée à son rêve.

L'amour veut survivre à la mort
pareil à ces enfants qui jouent au dehors,
les enfants veulent survivre à la nuit.

Nous n'aspirons pas à
une éternité d'amour...
c'est l'éternité qui nous désire.

Dans ce jeu fragile
nous sommes tous faits de verre...

L'éternité peut tenir
dans une main d'amour...
ne refermez pas cette main.

Red Wings

Here, in the supreme altitude
where angels sit
and close their wings.
It's finally the time,
I penetrate your ecstasy...
And the angels hold the sky
for it not to fall from heaven.
- Expanding our two bodies in one
unfolded
in space -
Now, angels with red wings
are tempted to live a little bit
on earth.

Ailes rouges

Ici, la suprême altitude
où les anges sont assis
et referment leurs ailes.
Le temps est enfin venu,
je pénètre ton extase...
Et les anges retiennent le ciel
pour ne pas chuter du paradis.
– Expansion de nos deux corps en un seul
déployés
dans l'espace –
Maintenant, les anges aux ailes rouges
sont tentés de vivre un peu
sur terre.

She crossed the bridge

Now you say some crazy words,
"I'm the one who will never
leave you..."
that you will come live next to me
forever...

Forever is not just a word...
It's a feeling that draws its forces
in the throat of
the most distant stars.

I will fight for you!

I am now the invisible glow
in your eyes.

Elle a traversé le pont

Maintenant, vous dites des mots insensés,
« Je suis celle qui jamais
ne te quittera... »
que vous allez vivre à mes côtés
pour toujours...

« Forever » n'est pas un simple mot...
C'est un sentiment qui puise ses forces
dans la gorge
des étoiles les plus lointaines.

Je vais me battre pour toi !

Je suis désormais la lueur invisible
dans tes yeux.

The Green Mountain Heaven
Le paradis de la Montagne Verte

Rebirth

My childhood disappears at the rear of a Californian sedan.
I do not want be the doll of destiny anymore.
I come with my throat tied by too many internal screams,
    and for me,
I have now, a half imperishable heaven...
I am ready to be invaded by the poet who dug his dream
    in my flesh.
And I cry and I laugh, and I smile and I moan, it's my rebirth.

Renaissance

Mon enfance disparaît à l'arrière d'une berline californienne.
Je ne veux plus être la poupée du destin.
Je viens avec ma gorge nouée par trop de cris intérieurs,
    et pour moi,
j'ai désormais, la moitié d'un ciel impérissable...
Je suis prête à me faire envahir par le poète qui a creusé son
    rêve dans ma chair.
Et je pleure et je ris, et je souris et je gémis, c'est ma
    renaissance.

The celebration

Among the vibrant trees,
we move towards the bard
to celebrate the eternal gesture
which will unite our souls.
By the joy of the ancestors invoked,
by the earth who nourishes
our terrestrial time,
by the four elements which have
linked our meeting,
by this cup whose drunkenness we share
and by the twin rings...
we are bound for an infinite time.

La célébration

Entre les arbres vibrants,
nous nous dirigeons vers le barde
pour célébrer le geste éternel
qui réunira nos âmes.
Par la joie des ancêtres invoqués,
par la terre qui nourrit
notre période terrestre,
par les quatre éléments qui ont
liée notre rencontre,
par cette coupe dont nous partageons l'ivresse
et par les anneaux jumeaux...
nous sommes liés pour un temps infini.

Be One

Now we can empty
the calyx of the night,
exhaust the dawns
and fill the days with
some memories,
without the fear of knife-cutting
distance and time…
Could you come closer
even more and more?
Can you feel the fusion
of both our sources which rise
into a big river?
I would like to be One.

Être Un

Maintenant, nous pouvons vider
le calice de la nuit,
épuiser les aubes
et remplir les jours avec
quelques souvenirs,
sans craindre la coupure du couteau
distance et le temps...
Pourrais-tu te rapprocher
de plus en plus encore ?
Peux-tu ressentir la fusion
de nos deux sources qui montent
en un grand fleuve ?
Je voudrais être Un.

Clandestine lovers

No room yet
than the night forest...
Our two united bodies
are heated by a small fire
of green wood which tastes
of the Eastern winter.
Our echo of love is stronger
than the howl
of hungry wolves...
And we will remain here
long after the fire
dies.

Amants clandestins

Pas d'autre chambre pour l'instant
que la forêt de la nuit...
Nos deux corps unis
sont chauffés par un petit feu
de bois vert et qui a le goût
de l'Est hivernal.
Notre écho d'amour est plus fort
que le hurlement
des loups affamés...
Et nous resterons ici
longtemps après l'extinction
du feu.

The Venusian garden

She is no more
strung out...
I'm all ears
against her heart.
We live in the fantasy
that we created,
and we still climb higher
in the Summer of our
private theater.
We live in a
Venusian garden
guarded by sentries;
mad with jealousy.
we no longer have
the opportunity
to leave...

Le jardin vénusien

Elle n'est plus
sous l'influence de la drogue…
Je suis tout ouïe
contre son cœur.
Nous vivons dans le fantasme
que nous avons créé,
et nous montons encore plus haut
dans l'été de notre
théâtre privé.
Nous vivons dans notre
jardin vénusien
gardé par des sentinelles
folles de jalousie.
Nous n'avons plus
l'opportunité
de partir...

Strasbourg

We leave the green mountain
for the center of the medieval town...
New flat, poetry and breathing.
My lucky stars hanging on the wall,
brighten our naked bodies,
never desire was so astral...
Everything becomes so vibrant,
this is another country
whose language is unknown.

Strasbourg

Nous quittons la montagne verte
pour le centre de la ville médiévale...
Nouveau studio, poésie et respiration.
Ma bonne étoile accrochée au mur,
illumine nos corps nus,
jamais le désir fut si astral...
Tout devient si vibrant,
c'est un autre pays
dont la langue est inconnue.

Our place

You sleep in deep beauty,
Summer wind on your shoulder,
French wine colors your lips
and the twin tattoos
that honor our round chests,
seem alive under the heartbeats.
It smells of oil and patchouli.
On the floor,
a beautiful red carpet
where sometimes our passion
overflows from the bed...
And in the small courtyard
our love song
still resonates.
We are children of heaven
and we bless this life
with our cries of pleasure.

Chez-nous

Vous dormez dans une profonde beauté,
vent d'été sur votre épaule,
du vin français colore vos lèvres
et les tatouages jumeaux
qui honorent nos poitrines rondes,
semble vivant sous les battements du cœur.
Cela sent l'huile et le patchouli.
Sur le sol,
un beau tapis rouge
où, parfois, notre passion
déborde du lit...
Et dans la petite cour
résonne encore,
notre chanson d'amour.
Nous sommes les enfants du paradis
et nous bénissons cette vie
avec nos cris de plaisir.

Capitulation

But autumn arrives and for you,
all of a sudden
eternity is a promise that capitulates.
Another world trying your eyes
and your face gently removed
below our worried sun
who's spitting unexpected shadows.
Can you still hear my poetry?
We cannot be an illusion.

Capitulation

Mais l'automne arrive et pour toi,
d'un coup
l'éternité est une promesse qui capitule.
Un autre monde tente tes yeux
et ton visage se retire doucement
en-dessous de notre soleil inquiet
qui crache des ombres inattendues.
Peux-tu encore entendre ma poésie ?
Nous ne pouvons pas être une illusion.

Words of darkness
Paroles des ténèbres

An unfinished landscape

Here it escapes...
and fields of possibility
are reduced in a way
and it rains.
Abyss...
We thought we were going up.
Fragment of an orgasm,
does not extinguish,
does not extend...
The reptile energy remains
in our kidneys.
Doubt...
There are more slaves in me
than masters.
Beyond control
busy filling us
with solid solitudes.
I am an unfinished landscape
in which you are
the creepage.

Un paysage inachevé

Ici, cela s'échappe...
et les champs de possibilités
sont réduits en un chemin
et il pleut.
Abîme...
Nous pensions aller vers le haut.
Fragment d'un orgasme,
ne l'éteint pas
ne le prolonge pas...
L'énergie reptile demeure
dans nos reins.
Doute...
Il y a plus d'esclaves en moi
que de maîtres.
Hors de contrôle
occupés à nous remplir
de solides solitudes.
Je suis un paysage inachevé
dont tu es
la ligne de fuite.

More than Love

You went near the window
and with your disassembled heart you said:
"First, I see light through the window
and I smile, then I see that there is a wall behind,
that the story of my life, Baby,
story of my walled horizons…"

Ever since, love is diluted in hours and years,
silver jewelry is oxidized on the time's shelf,
the sunlight steals the color of photographs
and the memory of our hands lets go of our curves
in the disquiet of this wandering world.

Fifty years later, I stand at the end of my life
as a wise man full of century scents,
a little girl who has your eyes
will ask me "Have you found love?"
I answer "no, I found more than love
I found eternity!"

Plus que de l'amour

Tu t'es approché de la fenêtre
et avec ton cœur disloqué tu as dit :
« En premier lieu, je vois la lumière par la fenêtre
et je souris, puis je vois qu'il y a un mur derrière,
c'est l'histoire de ma vie, amour,
l'histoire de mes horizons murés… »

Depuis, l'amour s'est dilué dans les heures et années,
le bijoux en argent est oxydé sur l'étagère du temps,
la lumière du soleil vole la couleur des photographies
et la mémoire de nos mains laisse s'échapper nos courbes
dans l'inquiétude de ce monde errant.

Cinquante ans plus tard, je me tiens à la fin de ma vie
comme un homme sage plein de senteurs des siècles,
une petite fille qui a le même regard que toi
me demande : « Avez-vous trouvé l'amour ? »
Je réponds : « non, j'ai trouvé plus que de l'amour,
j'ai retrouvé l'éternité ! »

The bottom

I hit
the bottom
of
her cutting soul...
blade-
We
bleed
slowly.

Le fond

Je touche
le fond
de
son âme coupante...
lame de nous
nous saigne lent
lancinant.

Last minutes

Kiss on your sealed mouth,
these are our last minutes
- knowing it without telling -
We have not lived long enough.
Train Station, final image...
I am an orphan,
I run, I run, I run after
the wagon in the cursed landscape...
I'm thrown into the tunnel,
it is now extinct.

Dernières minutes

Baiser sur ta bouche scellée,
ce sont nos dernières minutes
– Le savoir sans le dire –
Nous n'avons pas vécu assez longtemps.
Gare, image finale...
Je suis un orphelin,
je cours, je cours, je cours après
le wagon dans le paysage maudit...
je suis dans le tunnel jeté,
c'est maintenant éteint.

The empty flat

Without her no sky in the air

I buried my dog yesterday,
it rained as if he were crying
from heaven to help me
to dig his grave with my hands.
Yet I'm sitting on the floor
in our empty flat.

I would like dig in our red carpet
to bury myself in
Mom...
What have I done with the life
that you've offered me?
Dying in love...
Forget me.

L'appartement vide

Sans elle pas de ciel dans l'air

J'ai enterré mon chien hier,
il a plu comme s'il pleurait
du ciel pour m'aider
à creuser sa tombe avec mes mains.
Maintenant, je suis assis sur le plancher
dans notre appartement vide.

Je voudrais creuser dans notre tapis rouge
pour m'ensevelir dedans
Maman...
Qu'ai-je fait de la vie
que vous m'avez offert ?
Mourir dans l'amour...
Oubliez-moi.

Empty skin

Very high peaks
of solitude...
Always more solitude...
Damned dawns,
I do not want a new day...
Talking to whom?
Skull emptied of soul.
Drowning in
the moving flesh
of your roses...
The poet died in me.
Now remains the man
like empty skin.

La peau vide

Très hauts sommets
de solitude...
Toujours plus de solitude...
aubes damnées,
je ne veux pas d'un nouveau jour...
Parler à qui ?
Crâne vidé de l'âme.
Noyade dans
la chair mouvante
de vos roses...
Le poète est mort en moi,
reste l'homme
comme peau vide.

The rumor of your fall

Maybe it's over,
I mean definitely,
and from the quarrel
of the wind in the leaves,
remains only
the rumor of your fall.
Farewell my mind,
I wanted to give sense
to something that doesn't need it.
Farewell I love you,
I will not stop to see
your sacred face
in my dim glint.
But I will live elsewhere,
my sad and dignified truth.
I know.
The palace of vanities
is full of deadly desires...
So be it!

La rumeur de ta chute

Peut-être que c'est fini,
je veux dire... vraiment,
et de la querelle
du vent dans les feuilles
ne reste que
la rumeur de ta chute.
Adieu ma raison,
je voulais donner un sens
à quelque chose qui n'en avait pas besoin.
Adieu je t'aime !
Je ne vais pas cesser de voir
ton visage sacré
dans mon reflet trouble.
Mais je vais vivre ailleurs,
ma triste et digne vérité.
Je sais.
Le palais des vanités
est plein de désirs mortels...
Ainsi soit-il !

Broken puppets

We were one of
these unlikely couples
born for nothing...
That's how and where we met!
We were the toys of Rock 'n' roll,
and we ended up completely
disarticulated...

Marionnettes cassées

Nous avons été
l'un de ces couples improbables
né pour rien...
Voilà comment et où nous nous sommes rencontrés !
Nous étions les jouets de Rock 'n' roll,
et nous avons fini complètement
désarticulés...

Silent forgiveness
Silencieux pardon

The laughing sun

You can now upturn the hourglass...
unclench the hands of time.
You're too far
for me to still love you.
Is your bridge more solid?
The mask has fallen...
new debris of my bare face
burned by the laughing
sun.

Le soleil hilare

Tu peux désormais retourner le sablier...
desserrer les mains du temps.
Tu es trop loin
pour que je puisse t'aimer encore.
Ton pont est-il plus solide ?
Le masque est tombé...
nouveaux débris de mon visage nu
brûlé par le soleil
hilare.

Nothingness

Deaf ocean,
mute cosmos,
blind landscape,
odorless flowers...
no kinds of hunger...
pity me!
Give me a word,
to bite, chew, spit...
A heyday's symbol
to cherish...
How can we be so absent
while being
so insatiable?
The circle of our passion
is no longer rotating,
its arrow stopped
on the cardinal point
of nothingness.

Le néant

Sourd océan,
cosmos muet,
paysage aveugle,
fleurs sans odeur,
aucunes sortes de faim...
ayez pitié de moi !
Donnez-moi un mot,
à mordre, mâcher, cracher...
un symbole de l'âge d'or
à chérir...
comment pouvons-nous être si absent
tout en étant
si insatiable ?
Le cercle de notre passion
n'est plus en rotation,
sa flèche est arrêtée
sur le point cardinal
du néant.

Underground Source

Now the time will bury alive
what remained of us.
Our love as an underground source
will still flow under stones.
Some scarlet flowers
will probably grow on our grave,
new lovers coming from far away,
innocently and gently will pick them up
and say "they are so beautiful"
unaware of their addictive fragrance.

Source souterraine

Maintenant, le temps va enterrer vivant
ce qu'il reste de nous.
Notre amour comme une source souterraine
va encore couler sous les pierres.
Quelques fleurs écarlates
vont probablement croître sur notre tombe,
de nouveaux amants venant de loin,
innocemment et doucement les ramasseront
en disant « elles sont si belles »
sans se méfier de leur parfum addictif.

Silent forgiveness

She doesn't go wandering off.
She walks far away without disappearing.
She picks flowers in the plot
of my lifeless sun.

She hopes that I'm doing well...
me... hostage of my painting...
held captive by my own creation...

Perhaps like God.
Probably like the Devil.

Have a good time on your side...
All is forgiven... almost all.

Silencieux pardon

Elle ne va pas vagabonder.
Elle marche au loin sans disparaître.
Elle cueille des fleurs dans la parcelle
de mon soleil éteint.

Elle espère que je vais bien...
Moi... otage de ma peinture...
retenu captif par ma propre création...

Peut-être comme Dieu.
Certainement comme le Diable.

Passez un bon moment de votre côté...
Tout est pardonné... presque tout.

Deathbed

Mangaratiba close to Rio de Janeiro
April 2014

The genius often laments
and the one of your beauty haunts me.
I'll live my life by reproducing the drawing,
in miniature, in precious oils, in divine prose
from the path traced on my body by yours -
And then... on my pale deathbed,
I'll caress your invisible oblivion
who will whisper to me one last time
"I'm the one who will never
leave you..."

The kiss of death
will be on your lips.

Lit de mort

Mangaratiba proche de Rio de Janeiro
Avril 2014

Le génie souvent se lamente
et celui de ta beauté me hante.
Je vais vivre ma vie en reproduisant le dessin,
en miniature, dans des huiles précieuses, en prose divine
du chemin tracé sur mon corps par le tien –
Et puis… sur mon pâle lit de mort,
je vais caresser ton invisible oubli
qui me chuchotera une dernière fois
« Je suis celle qui jamais
ne te quittera… »

Le baiser de la mort
sera sur tes lèvres.

Californian muse

This book is
impossible
like we were...
It has been written
only for your secret eyes...
this poetry will be read
by hundreds of other eyes,
but maybe not by yours...
because now
you're someone else.
Strangers, strangers,
this is a cooled star
getting warm in your hands...
look how it shines.

Muse californienne

Ce livre est
impossible
comme nous étions...
il a été écrit
uniquement pour tes yeux secrets...
cette poésie va être lue
par des centaines d'autres regards,
mais peut-être pas par le tien...
parce que maintenant
tu es quelqu'un d'autre.
Étrangers, étrangers,
ceci est une étoile refroidie
se réchauffant dans vos mains...
regardez comment elle brille.

American mirage

Florida is now a blank dream.
However I prayed...
I even held my breath
in strange superstitious rituals.
So loud, my wish has perhaps
riled up the weirdo God of vows.
April 17th, 2011
the plane left without me,
carrying in its iron womb
my vanished hope.

Mirage américain

La Floride est maintenant un rêve vide.
Cependant, j'ai prié...
j'ai même retenu mon souffle
dans d'étranges rituels superstitieux.
Si bruyemment, mon souhait a peut-être
agacé le Dieu bizarre des vœux.
17 avril 2011
l'avion est parti sans moi,
portant dans son ventre de fer
mon espoir envolé.

Be safe

Memory
of your body
in my hands
disappears...
From our death
is now born
your new life...
No more Muse
in my lines...
The world calls me.
I will sing poems
to lost children,
a new destination.

Sois prudente

La mémoire
de ton corps
dans mes mains
disparaît...
De notre mort
est maintenant née
ta nouvelle vie...
Plus de Muse
dans mes lignes...
Le monde m'appelle.
Je vais chanter des poèmes
à des enfants perdus,
une nouvelle destination.

And our summer will never end

How did I do

to kill a thousand days
without the touch of her skin...
without emptying the air from the same sky.
How did I do to protect my own existence
against the crows of boredom...
against my beloved's silent mouth?

I sucked the salt of life
from the veins of our mythology...
Regardless of whether ultimately,
ocean or maybe fire will destroy this world...
We have survived in so many
gardens in fire.

Since then... have you found love?
Argil red statue who cracks
under the sun of time...
you know, hearts are mortal.

I met you, I met eternity.
Sphinx to whom I was the key
to the impressive riddle.

We can now ride the wind
until the deep trees of life
and our Summer will never end...
We will be like some others
without immaculate shade.

Et notre été ne finira jamais

Comment ai-je fait pour tuer les milliers de jours
sans le contact de sa peau...
sans vider l'air du même ciel qu'elle ?
Comment ai-je protégé ma propre existence
contre les corbeaux de l'ennui...
contre la bouche silencieuse aimée ?

J'ai sucé le sel de la vie
dans les veines de notre mythologie...
Indépendamment du fait que, finalement,
l'océan ou peut-être le feu va détruire ce monde...
Nous avons survécu dans tant
de jardins en flammes.

Depuis... as-tu rencontré l'amour ?
Statue d'argile rouge qui craque
sous le soleil de temps...
tu sais, les cœurs sont mortels.

Je t'ai rencontré, j'ai rencontré l'éternité,
sphinx dont j'étais la clef
impressionnante énigme.

Nous pouvons maintenant chevaucher le vent
jusque l'arbre étoffé de la vie
et notre été ne finira jamais...
Nous serons comme certains autres
son ombre immaculée.

Special thanks to
Farah Chamma, Monia Aljalis and James Goddard
As well as Flore O. and Yolanda Dachiardi.

Remerciements particuliers à
Farah Chamma, Monia Aljalis et James Goddard
ainsi qu'à Flore O. et Yolanda Dachiardi.

www.ingramcontent.com/pod-product-compliance
Lightning Source LLC
LaVergne TN
LVHW041549070426
835507LV00011B/998